인간은 과연
선한 존재인가?

Are People Basically Good?
(Crucial Questions)
by R. C. Sproul

Copyright ⓒ 2016 by R.C. Sproul
Published by Ligonier Ministries
421 Ligonier Court, Sanford, FL 32771, USA.
Ligonier.org

This Korean edition copyright ⓒ 2025 by Word of Life Press,
Seoul, Korea.
Translated by permission.
All rights reserved.

인간은 과연 선한 존재인가?

ⓒ 생명의말씀사 2025

2025년 7월 23일 1판 1쇄 발행

펴낸이 | 김창영
펴낸곳 | 생명의말씀사

등록 | 1962. 1. 10. No.300-1962-1
주소 | 서울시 종로구 경희궁1길 6 (03176)
전화 | 02)738-6555(본사) · 02)3159-7979(영업)
팩스 | 02)739-3824(본사) · 080-022-8585(영업)

기획편집 | 유영란, 서보경
디자인 | 김혜진
인쇄 | 영진문원
제본 | 다온바인텍

ISBN 978-89-04-16926-9 (04230)
ISBN 978-89-04-70115-5 (세트)

저작권자의 허락 없이 이 책의 일부 또는 전체를
무단 복제, 전재, 발췌하면 저작권법에 의해 처벌을 받습니다.

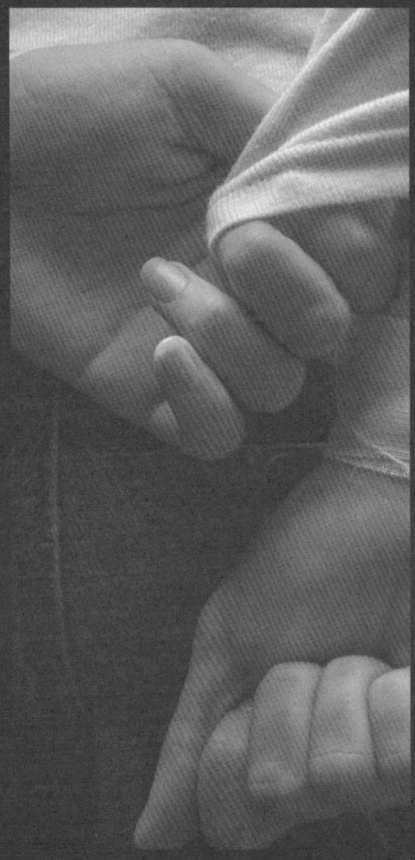

ARE PEOPLE BASICALLY GOOD?

인간은 과연 선한 존재인가?

당신을 복음 앞으로 이끄는 인간 존재에 대한 근원적인 물음

CONTENTS

01 ─ 인간, 역설의 최고봉 · 7

우리는 누구인가? 가장 고귀한 피조물이지만
자신을 성찰하느라 고통받는 존재에 관한 탐색

02 ─ 인간, 하나님의 형상 · 19

인간됨이란 무엇인가? 사람이 하나님의
형상으로 창조되었다는 말의 의미를 살펴본다.

03 ─ 인간의 양면성 · 33

사람은 어떤 차원에서 하나님과 닮았는가?
육체와 영혼으로 이루어진 인간에 관한 이해

04 ─ 우리 죄의 실체 · 47

왜 은혜여야만 하는가? 모든 면에서
죄로 오염되어 철저히 타락한 인간에 관한 조명

05 ─ 우리 죄의 깊이 · 61

선한 자는 하나도 없는가? 행위로 하나님의
기준에 이를 수 있다는 생각의 한계를 알아본다.

06 ─ 우리 죄의 크기 · 73

하나님을 진정으로 원하는가?
욕망을 거스를 수 없는 인간에게 주어진 처방

01

인간,
역설의 최고봉

ARE PEOPLE BASICALLY GOOD?

고등학교 때 생물학 선생님은 사람으로서 나의 가치가 33,684원이라고 말씀하셨다. 그것은 인간의 몸 안에 있는 아연, 구리, 칼륨 등 모든 무기물의 값어치를 더한 액수였다. 지금은 인플레이션 덕분에 그 총액이 22만 원 정도는 되겠지만 여전히 쥐꼬리만 한 금액이다. 그런데 이는 인간이 가치를 측정하는 한 가지 방법에 불과하다.

인간을 정의하려는 여러 가지 시도 중에는 인간을 단순히 영장류의 한 종류로 이해하는 것도 있다. 데즈먼드 모리스(Desmond Morris)는 『털 없는 원숭이』(*The Naked Ape*)라는 베스트셀러 작품에서 영장류에는 약 여든아홉 가지의 종(침팬지, 오랑우탄, 고릴라, 개코원숭이, 원숭이 등)이 있는데, 그중 한 가지에는 다른 종들과 구별되는 특징이 있다고 말한다. 그 특징은 지적인 능력이 아니라 벌거벗었다는 사실에 있다. 사람은 자신의 벌거벗은 몸을 가리기 위해 인공적으로 옷을 만들어 입는다는 사실로 인해 구별된다. 여든 가지가 넘는 영장류 중에 오직 사람만이 벌거벗은 상태를 문제로 여기는 것이다. 왜일까? 이는 죄책감의 문제와 관련된다. 모든 피조물 가운데 옷을 만들어 입는 생명체가 인간뿐인 이유에 대해, 성경은 그것이 단지 몸을 따뜻하게 하기 위해서가 아니라 부끄러움을 가리기 위함이라고 말한다.

한편 프랑스의 철학자 블레즈 파스칼(Blaise Pascal)은 "인간은 모든 피조물 중에서 역설의 최고봉이다."라고 말했다. 인간은 피조 세계 전체에서 가장 숭고한 위상을 지닌 존재인 동시에, 모든 피조물 중에서 가장 비참한 고통 속에 내던져진 존재다. 파스칼은 인간의 위대함이 자신의 존재를 숙고하는 고유한 능력에 있다고 보았다. 오직 인간만이 미래를 내다보고, 더 나은 삶을 꿈꾸거나 그 가능성을 상상할 수 있다. 그러나 역설적이게도 인간은 바로 이 능력 때문에 고통받는다는 것이다.

인간이 자신의 존재를 숙고할 때면 언제나 '인간은 무엇인가?'라는 기본적인 질문으로 돌아오기 마련이다. 이 질문에는 굉장히 폭넓은 의미가 담겨 있으며, 이 질문에 어떻게 답하느냐 하는 것은 살아가는 방식에 커다란 영향을 미친다. 어떤 신학자는 인간이 자신의 존재를 어떻게 이해하느냐에 따라 그들이 생각하고 행동하는 방식과, 거기서 비롯되는 문화의 모습이 결정된다고 말했다. 따라서 현재 우리가 살아가는 문화는 인간이 무엇인지에 대한 우리의 이해에서 비롯된 산물이다. 이 책에서 우리는 하나님의 형상이나 죄의 실체와 같은 주제를 통해 성경이 인간의 본질을 어떻게 설명하는지 살펴볼 것이다.

오늘날 인간됨의 의미를 이해하려는 시도 대부분은 성경이 아닌 세속적인 관점에서부터 출발한다. 인간에 관한 가장 흔한 정의는 지혜로운 사람이라는 의미의 과학적 명칭인 '호모 사피엔스'(*Homo sapiens*)이다. 이 용어는 사람을 다른 모든 동물계의 생물체와 구분 짓는 핵심이 지능 혹은 지혜에 있음을 보여 준다. 서구 문명의 거의 모든 시대를 아울러 철학자와 신학자는 인간의 정체성을 규정하는 가장 독특한 요소로 사유하는 능력에 초점을 맞춰 왔다.

헬라의 철학적 탐구가 융성하던 초기 몇 세기에는 물질세계를 초월하거나 그 너머에 있는 무언가를 탐구하는 형이상학이 주된 관심사였다. 탈레스, 파르메니데스, 아낙시만드로스, 아낙사고라스, 그리고 소크라테스와 플라톤, 아리스토텔레스 이전의 철학자들은 다음과 같은 심오한 질문을 했다. 우주의 만물을 탄생시킨 근원적인 재료는 무엇인가? 사물의 본질은 무엇인가? 물질 그 너머에는 무엇이 있는가? 철학자들은 궁극적 실체가 무엇인지에 대해 합의된 결론에 이르지 못했다. 플라톤은 그 실체를 형상이나 관념으로 이루어진 초월적 세계라고 말했고, 아리스토텔레스는 물질적 형상 안에 내재한 본질이라고 말했다. 결국 사상가들은 각기 예리한 사고력을 지닌 여러 철학자가 형이상학적 논제에 대해 전혀 다른 결론을 내렸다는 사실에 의문을 품게 되었다.

그 뒤를 이어 철학에서 대단히 강조된 분야는 앎에 관한 이론을 다루는 인식론이었다. 모든 과학의 기초를 형성하는 학문으로 '우리의 지식은 어디에서 오는가?'라는 질문을 탐구한다. 즉 우리는 어떻게 배우는가, 우리는 어떻게 무언가를 알 수 있는가, 우리는 지식을 주로 정신적 작용을 통해 얻는가, 아니면 관찰과 그에 대한 질문을 통해 얻는가 등에 초점이 맞춰져 있다.

20세기는 이론적 사상사에서 극적인 전환을 맞이한 시기였다. 20세기 철학의 주된 관심사는 인간에 관해 연구하는 인류학이었다. 당시의 가장 핵심적인 질문은 '인간이라 함은 무엇을 의미하는가?'였다. 사람들은 자존감과 정체성, 그리고 피조물인 우리가 어떤 존재인지 이해하는 일 등에 관심을 가졌다. 이와 관련하여 서구 문명에서는 낙태, 안락사, 인간관계, 평화, 성별과 성 정체성, 그리고 노사 갈등 같은 논점에 초점을 맞췄다. 궁극적으로 이러한 문제를 어떻게 다룰 것인가 하는 점은 인간을 어떻게 정의하느냐에 달려 있다.

철학자들은 오래전부터 이 질문을 고심해 왔다. 플라톤 역시 인간을 정확히 정의하는 일에 갈피를 잡지 못했다. 분류학에서는 새와 물고기 혹은 물고기와 영양(antelope)을 구분하기 위해 그들 사이의 차이점은 무엇이고, 또한 유사점은 무엇인지 등을 살펴본다. 예컨대 새와 비행기 모두 하늘을 난다. 새에게는 날개가 있는데, 비행기에도 날개가 있다. 하지만 이 둘 사이에는 차이점도 있다. 비행기에는 깃털이 없고, 새는 날기 위해 날개를 펄럭거려야 한다. 이렇게 대상의 범주를 나눌 때 우리는 유사점과 차이점을 명확히 인식한다.

그런데 플라톤은 인간을 다른 모든 생명체와 분리 혹은 구분하는 명확한 특징을 찾는 데 어려움을 겪었다. 어느

날 그가 알아낸 것은, 인간은 "깃털이 없고 두 발을 가진 동물"이라는 점이었다. 그러자 그의 학생 중 한 명이 털 뽑힌 닭을 한 마리 가져다 닭의 가슴에 "플라톤이 말한 인간"이라고 쓴 뒤 아카데메이아(플라톤이 설립한 학원의 이름으로 그 지명에서 유래되었다.-역주) 담장에 걸어 놓았다. 이로써 플라톤은 인간을 정의하는 일을 처음부터 다시 시작해야만 했다.

카를 마르크스(Karl Marx)는 인간을 제작자 혹은 만드는 사람이라는 의미의 '호모 파베르'(*Homo faber*)라고 표현했다. 마르크스는 인간의 고유한 특성을 화학적 성질이나 해부학적 구조가 아닌 노동의 습성에서 이해하려고 했다. 인간의 전 생애가 노동을 중심으로 이루어지며 문명사 대부분, 특히 전쟁사는 경제적 힘이나 인간이 노역을 통해 얻은 결과물에 대한 갈등과 관련된다고 보았다.

마르크스는 인류에게 있어 가장 큰 소외는 노동의 열매로부터 소외되는 것이며, 이는 부자연스러운 일이라고 말했다. 따라서 마르크스 경제 이론의 뿌리는 그가 인간을 도구를 만드는 존재로 보았다는 사실에 있다. 인류학자와 고생물학자는 역사를 되돌아보며 다른 종의 영장류와 인간 사이에 경계선을 그을 때, 화석에서 도구의 존재가 발견되었다는 사실을 굉장히 중요하게 여긴다. 왜냐하면 오직 인간(호모 파베르)만이 도구를 만들어 사용함으로써 생산량의 증대를 이루었기 때문이다.

'호모 볼렌스'(*Homo volens*)는 인간을 묘사하는 또 다른 표현으로, 특히 19세기 후반 주의주의라는 학파에서 사용한 용어이다. 이 관점에서는 인간의 고유한 특성이 선택을 내리는 능력에 있다고 본다. 프리드리히 니체(Friedrich Nietzsche)는 이러한 견해를 더욱 발전시켜, 진정한 인간(*Übermensch*)이란 니체가 말하는 "군중"의 도덕률에 억눌려 살지 않고 전적으로 자신의 의지에 따라 선택하는 사람이라고 말했다. 나아가 그는 주인 됨의 도덕률을 규정했다. 니체는 자신을 인격적인 존재로 확증하며 자기 스스로의 선택에 따라 살기로 결심했다. 그것이야말로 인간됨의 본질이라고 믿었기 때문이다.

에드문트 후설(Edmund Husserl)은 지향성(특정한 목적을 갖고 선택하는 능력)을 인간에게만 있는 가장 기본적인 특징으로 거론했다. 보다 비관적인 관점에서 장폴 사르트르(Jean-Paul Sartre)는 인간을 "쓸모없는 열정"이라고 표현했지만, 그 역시 선택이라는 차원에 초점을 맞췄다는 점에서 후설과 공통분모를 가진다. 하지만 지그문트 프로이트(Sigmund

Freud)는 인간됨의 의미와 관련하여 성적인 차원을 탐구했다. 그는 인간 사이의 모든 상호작용과 기타 일체의 가치를 규정하는 핵심 동력이 인간의 성욕에 기반을 둔다고 보았다.

마지막으로, (신학자뿐만 아니라 역사학자와 철학자 사이에서도) 인간은 '호모 렐리기오수스'(*Homo religiosus*)라고 불려 왔다. 인간의 정체성을 구성하는 것 중 하나는 종교를 가지는 능력이라는 뜻이다. 심지어 칼뱅(Calvin)은 인간을 "우상을 만드는 공장"이라고 표현했다. 이는 인간의 종교심이 너무도 큰 나머지 비록 살아 계신 하나님을 떠난 인간이라도, 하나님의 자리를 자기가 만든 다른 신으로 대신 채운다는 의미이다. 루터(Luther) 역시 "인간은 하나님이 아니면 우상을 만들어 낸다."라고 말했다. 인간에게는 의지할 수 있는 무언가가 반드시 필요하기 때문이다.

지금까지 살펴본 내용은 인간을 정의하고자 했던 다양한 방법들이다. 이 과정에서 맞닥뜨린 커다란 오류는 어쩌면 그 모든 생각이 하나로 어우러져야 비로소 참 인간됨을 완성해 감에도 불구하고, 단순히 어느 한 가지 활동에만 초점을 맞춰 인간의 정체성을 이해하려 했던 것일 수 있다.

기독교 신앙에서는 인간됨의 의미를 성경이라는 렌즈를 통해 이해한다. 사람이 어떤 존재인지에 관한 핵심 질문은 성경에도 나타난다. 다윗은 다음과 같이 묻는다. "사람이 무엇이기에 주께서 그를 생각하시며 인자가 무엇이기에 주께서 그를 돌보시나이까"(시 8:4).

다윗의 이 질문은 단지 사람만이 아니라 사람과 하나님의 관계에 관한 것임을 주목해 보라. 신학이 초점을 두어야 할 대상은 하나님(그분의 성품, 그분의 역사, 그분의 속성)이다. 하지만 칼뱅은 먼저 사람인 우리 자신을 어느 정도 이해하지 못한다면 하나님이 어떤 분이신지 올바로 이해할 수 없다고 말했다. 그러나 또한 역설적이게도, 하나님의 성품을 먼저 이해하지 않고서는 사람됨의 의미를 제대로 이해할 수 없다. 따라서 하나님을 아는 일과 사람을 아는 일은 함께 이루어진다. 즉 둘은 상호의존적이다.

성경은 우리에게 사람이 하나님의 형상으로 지어졌다고 알려 준다. 어떤 의미에서 우리는 하나님을 닮았다. 그러므로 하나님께서 어떤 분이신지 알면 알수록, 우리가 누구인지 아는 일이 더욱더 수월해진다. 또한 사람됨의 의미를 이해하면 할수록, 우리는 하나님의 성품에 대해서 더 깊은 통찰을 얻게 된다.

02

인간,
하나님의 형상

ARE PEOPLE BASICALLY GOOD?

예전에 한 여성 잡지에 "아내는 어떻게 해야 남편을 일부일처제 안에 붙잡아 둘 수 있는가?"라는 질문에 답한다고 주장하는 기사가 실렸다. 그 기사를 쓴 심리학자는 통찰력 있는 여성이라면 남편 한 사람 안에 서로 다른 세 사람이 존재하고 있음을 이해할 것이라고 말했다. 즉 남편 안에는 각각 유년기, 청소년기, 그리고 성인기의 남성이 있다는 것이다. 따라서 지혜로운 여성은 가끔씩 서로 경쟁하는 이 세 인격 모두를 대해야 한다는 사실을 깨닫게 될 것이라고도 했다.

헤르베르트 마르쿠제(Herbert Marcuse)는 『일차원적 인간』(*One-Dimensional Man*)이라는 책에서 어떤 인간도 단순히 일차원적 구조로 이루어져 있지는 않다고 했다. 인간에게는 화학적 차원이 있는데, 신체의 화학적 작용은 삶 전반에 영향을 미친다. 또한 인간에게는 생물학적 차원도 있으며, 여기에는 성적 측면도 포함된다. 노동 역시 매우 중요하기에 어떤 사람도 자신의 존재에 있어 경제적 차원을 등한시할 수는 없다. 이외에도 사회학적 차원, 심리학적 차원, 윤리적 차원, 그리고 무엇보다 신학적 차원이 있다. 인간의 본질을 이들 중에 단 하나로만 축소하려 한다면, 인간됨의 의미를 단순화하여 왜곡하는 결과를 낳을 것이다. 인간은 복잡한 존재이기 때문이다.

아마도 인간을 네 가지의 기본적인 심리 유형으로 나눌 수 있다고 주장하는 성격 유형 목록을 본 적이 있을 것이다. 그러한 목록을 보면 성격에 관한 일반적인 경향이나 유형에 대해 어느 정도는 통찰을 얻을 수 있다. 그러나 세상에는 완전히 똑같은 사람이 단 하나도 없다. 어떤 사람을 한 방향으로 이끄는 특정 요소가, 또 다른 누군가에게는 전혀 다른 방향으로 이끄는 동력이 된다. 이는 인류의 다양성 안에 위대한 아름다움이 내재해 있다는 증거이다.

성경에 의하면, 인간됨의 가장 핵심적인 측면은 창조에 관한 기록에서 발견할 수 있다. 남성과 여성으로 지어진 인간을 **이마고 데이**(*imago Dei*), 곧 하나님의 형상으로 창조되었다고 정의한다. 창세기 1장 26-27절의 표현을 살펴보자. "하나님이 이르시되 우리의 형상을 따라 우리의 모양대로 우리가 사람을 만들고 그들로 바다의 물고기와 하늘의 새와 가축과 온 땅과 땅에 기는 모든 것을 다스리게 하자 하시고 하나님이 자기 형상 곧 하나님의 형상대로 사람을 창조하시되 남자와 여자를 창조하시고."

사람이 하나님의 형상으로 지음받았다는 기술에는 몇 가지 중요한 논점이 내포되어 있다. 첫째, 사람이 '이마고 데이'를 지니고 있다는 말은 사람과 하나님이 구별된다는 뜻이다. 가장 두드러지는 차이점은 우리가 피조물이라는 사실이다. 즉 우리는 하나님이 아니므로 유한하고, 의존적이고, 출발점이 있고, 삶의 결과에 대해 책임을 져야 한다. 우리가 하나님의 형상을 지니고는 있으나 하나님의 형상이 곧 하나님은 아니며, 우리는 단지 그분께 종속된 존재일 뿐이다. 어떤 인간도 그 자체로 신성을 지니고 있지는 않다.

둘째, 이 문구에는 인간이 세상의 다른 모든 피조물과 구별된다는 의미가 담겨 있다. 인간은 동물과 다르다는 뜻이다. 이 점이 성경의 창조 기사에 나타나는 주요한 주제이다. 사람이 하나님께 종속된 존재이기는 하나, 그럼

에도 이 땅 위에서 만물을 다스리는 권세를 부여받았다. 위에서 본 "모든 것을 다스리게 하자"라는 말씀이 바로 그 뜻이다. 하나님은 처음 지으신 그 사람들에게 계속해서 이렇게 말씀하셨다. "생육하고 번성하여 땅에 충만하라, 땅을 정복하라, 바다의 물고기와 하늘의 새와 땅에 움직이는 모든 생물을 다스리라"(28절).

이 말씀에는 다음과 같은 분명한 의미가 담겨 있다. 세상은 사람에게 맡겨졌으며, 사람은 그에 대한 모든 책임을 져야 한다. 동시에 세상은 사람을 지탱하기 위한 기초이기도 하다. 따라서 사람은 하늘 법정 앞에서 생태계 파괴에 대한 심판을 받게 될 것이다. 우리는 하나님의 동산을 가꾸고 경작하고 지키는 대신, 그것을 더럽히고 오용하고 훼손해 왔다. 또한 우리는 인간의 배아보다 어류의 알이 더욱 보호받고 있다는 사실에, 그리고 어떤 이는 빈곤으로 죽어 가는데 또 어떤 이는 소를 숭배한다는 사실에 대해 하늘 법정 앞에서 답해야 할 것이다.

사람은 하나님 앞에 책임이 있으며 하나님의 통치를 받는다. 사람은 피조물이지만 세상 만물에 대한 책임과 권위, 그리고 특권을 부여받은 위치에 있다. 이처럼 우리가 다른 피조물과 구별되는 것은 사실이지만, 궁극적으로 우리는 그 피조 세계와 연결되어 있다. 따라서 인류가 타락했을 때 온 세상도 고통을 겪게 되었다. 바울이 로마서에서 피조물이 다 탄식한다(롬 8:19-22)고 말한 것도 이러한 뜻이다. 모든 피조물은 고통 가운데 탄식하며 인류의 구속이 완성되기를 기다리고 있다. 그때 새 하늘과 새 땅이 열리기 때문이다.

사람은 본래 하나님의 형상으로 지음받았다. 그러나 여기에 이어서 반드시 생각해 봐야 할 부분은, 지금도 우리 안에 하나님의 형상이 있는가 하는 점이다. 인간이 하나님의 형상으로 창조되었다면 우리는 여전히 그 형상을 지니고 있는가?

이 질문이 중요한 이유는 다음과 같다. 오늘날 큰 갈등의 원인이 되는 논쟁 중 하나는 사람을 신학적으로 이해하느냐 아니면 세속적으로 이해하느냐 하는 점이다. 이는 사람을 규범적 관점에서 평가하는 것과 서술적 관점에서 평가하는 것의 차이다. 다르게 표현하자면, 이것은 인간됨의 의미를 신학적 관점으로 이해하느냐 아니면 현상적 관점으로 이해하느냐의 차이라고 할 수도 있다.

현상적 관점에서는 인간됨의 의미를 알려면 현재 인류의 일반적인 활동 양식을 연구해야 한다고 말한다. 사람의 행동 양식을 조사하고, 조사가 충분히 이루어지면 그것을 바탕으로 인간의 평균을 통계적으로 서술할 수 있게 되며, 다시 그러한 서술 위에 윤리를 세워 나갈 수 있다는 것이다. 이것은 일종의 '통계적 도덕성'이다. 예를 들어 인류의 3분의 2 이상이 혼전 성관계를 맺는다면 이는 평범한 일이며, 평범한 일은 곧 인간적인 일이고, 따라서 혼전 성관계가 선한 일이라는 논리이다.

그러나 성경적이고 신학적인 인간관에서는 창조된 본래의 인간을 규범적으로 바라본다. 다만, 현재 인간의 모습은 끔찍하게 타락하여 심판 아래 있다고 보는 것이다. 따라서 평범한 행동 양식에 대한 서술적 분석은 단지 평범한 죄인의 한 단면을 보여줄 뿐이라고 믿는다. 이에 우리는 다시 처음의 질문으로 돌아오게 된다. 이와 같은 평범한 죄인에게도 여전히 하나님의 형상이 남아 있는가, 아니면 하나님의 형상은 죄인 안에서 사라져 버렸는가?

이에 대해 비록 신학자들 사이에는 논쟁이 있지만, 성경 안에는 논쟁이 없다. 성경은 타락 후의 인간에게 근본적인 변화가 일어났다(뒤에서 다시 살펴볼 것이다)고 명확하게 가르치지만, 타락 시에 인간에게 어떤 일이 일어났든지 사람은 여전히 하나님의 형상을 지니고 있다. 우리는 이

것이 참이라고 알 수 있는데, 성경에서 타락 후의 사람도 하나님의 형상을 지닌 것으로 묘사되기 때문이다. 이러한 내용은 아주 결정적인 순간에 나타난다.

사형 제도에 대한 확고한 동기를 기독교 안에서 찾는다면, 그것은 언제나 인간의 생명을 존엄하게 여기는 깊고 변함없는 믿음에서 찾을 수 있다. 그리고 이 믿음은 창세기 9장에 뿌리를 둔다. "내가 반드시 너희의 피 곧 너희의 생명의 피를 찾으리니 짐승이면 그 짐승에게서, 사람이나 사람의 형제면 그에게서 그의 생명을 찾으리라 다른 사람의 피를 흘리면 그 사람의 피도 흘릴 것이니 이는 하나님이 자기 형상대로 사람을 지으셨음이니라"(창 9:5-6). 이 말씀은 하나님이 인간의 죄 때문에 인류를 홍수로 멸하신 사건 이후에 나타난다. 하나님은 당신의 형상으로 사람을 지으셨다는 것과 그 형상이 타락 후에도 여전히 사람에게 남아 있다는 것을 확증하신다.

이 본문에서 하나님은 필연적으로 일어나게 될 일을 말씀하신다. 즉 악한 의도를 갖고 인간의 생명을 해하는 사람은 자기 자신의 생명도 빼앗기게 되리라는 말씀이다. 그 이유는 무엇인가? "하나님이 자기 형상대로 사람을 지으셨음이니라." 사형 제도에 대해 하나님이 제시하신 근거는, 하나님은 악한 의도로 그분의 형상을 지닌 인간의 생명을 해하는 일을 곧 그분 자신의 존엄에 대한 공격으로 여기신다는 것이다. 구약에서 이스라엘 백성에게 사형은 선택 사항이 아니었다. 그들은 하나님이 인간의 생명을 지극히 거룩하다고 선언하셨기에, 악의적으로 그 생명을 파괴하는 행위를 절대로 용납하지 않으시리라는 사실을 잘 알았기 때문이다.

우리가 하나님의 형상과 그 중요성을 어떻게 인식하는지(인간 생명의 거룩한 연원을 어떻게 이해하는지)에 따라 낙태와 안락사, 사형 제도, 그리고 그와 관련된 주제에 관한 생각이 결정된다는 사실을 아는가? 이 둘은 반드시 일맥상통한다. 한번은 낙태의 권리를 지지하는 어떤 분이 버려진 태아는 "생활 하수"라고 내게 말했다. 그것이 정말로 생활 하수에 불과하다면 낙태는 걱정할 일이 전혀 아니다. 그런데 만일 그 태아가 인간이고 살아 있는 생명체라면, 그것은 우리가 살아가는 지금 이 시대의 가장 큰 윤리적 가치를 뒤흔드는 문제가 된다.

성경은 사람에게 있는 하나님의 형상이 사라지지 않았다고 분명히 말한다. 그런데 창세기 1장에 있는 창조 기사를 보면 사람이 하나님의 "형상"과 "모양"대로 창조되었다고 한다. 그 말은 우리가 서로 다른 두 가지 측면에서 ('형상'과 '모양' 각각에 해당하는) 하나님을 닮아 있다는 뜻인가, 아니면 이 둘은 그저 한 가지일 뿐인가?

고전적인 로마 가톨릭 신학에서는 이 두 가지 표현이 서로 다른 것을 지칭한다고 이해했다. 즉 '형상'은 사람을 다른 동물과 구별하는 이성적 장치 곧 사고하고 선택하는 능력인 데 반해, '모양'은 우리가 하나님을 닮았다는 사실에 대한 감각을 의미한다고 말이다. 아우구스티누스(Augustine)에 따르면, 그리고 좀 더 복잡하게는 토마스 아퀴나스(Tomas Aquinas)에 따르면, 여기서 감각이란 사람이 창조될 때 의로움이라는 특정한 선물을 받았다는 것을 의미한다. 하나님이 아담과 하와에게 이러한 원의[오리기날리스 유스티티아(*originalis iustitia*), 때로는 도눔 수페라디툼(*donum superadditum*) 곧 덧붙여진 은사라고도 불림]를 부여하셨으니 타락으로 인해 그것을 잃어버렸다. 결국 그들의 인간성은 손상되지 않고 남아 있지만, 원의 곧 하나님의 모양은 상실되었다고 본다.

그러나 고전 개신교 신학에서는 다른 견해를 취한다. 개신교에서는 전통적으로 '형상'과 '모양'이라는 히브리어 단어가 **중언법**, 즉 서로 다르지만 비슷한 두 개의 단어를 사용해 한 가지 의미를 전달하는 수사적 표현이라고 주장한다. 이는 바울이 로마서 1장에서 하나님의 진노가 "모든 경건하지 않음과 불의에 대하여"(18절) 나타난다고 썼을 때 사용한 것과 동일한 기법이다. 여기서 "경건하지 않음"과 "불의"라는 두 가지 표현은 하나의 대상을 묘사한다. 마찬가지로 창세기 기자는 사람에게 있는 고유한 특성 곧 사람이 하나님의 형상으로 지음받았다는 하나의 사실을 언급하는 것이다. 하나님의 형상을 지닌다는 것은 우리가 그분을 닮았다는 의미이다.

그렇다면 우리는 어떤 점에서 하나님과 닮았는가? 이를 추상적인 차원으로 축소하는 이들이 있다. 우리에게 생각하고 선택하고 사랑하는 능력이 있듯이 하나님도 그 모두를 하실 수 있다고 말이다. 하지만 우리가 하나님의 형상을 지니고 있다는 점에서 드러나는 고유한 특성은, 하나님의 성품을 비춰 내고 반영하는 능력과 연관이 있다. 즉 하나님이 우리에게 주신 형상과 피조물인 우리 안에 두신 모양이란, 거룩함이 무엇인지 드러내 보이는 능력을 의미한다.

03

인간의
양면성

ARE PEOPLE BASICALLY GOOD?

 예수님은 십자가에 못 박히시기 전날 밤 제자들과 함께 다락방에 모여 유월절을 기념하셨다. 그들과 대화를 나누시던 중 예수님은 너희가 나를 알고 있으므로 성부 하나님도 알고 있다는 말씀을 하셨다. 이를 들은 빌립은 예수님을 향해 "주여 아버지를 우리에게 보여 주옵소서 그리하면 족하겠나이다"(요 14:8)라고 요청했다. 만약 우리가 이어지는 예수님의 대답을 들었다면 절망감을 느꼈을지도 모른다. "빌립아 내가 이렇게 오래 너희와 함께 있으되 네가 나를 알지 못하느냐 나를 본 자는 아버지를 보았거늘 어찌하여 아버지를 보이라 하느냐"(9절).

 신약의 기독론에서 가장 중요한 부분 중 하나는 복음서 전체에 걸쳐 나타나고 또 사도 바울을 통해 발전된 주제,

곧 예수님이 완전한 사람과 완전한 하나님의 형상을 이루신 새 아담이라는 점이다. 예수님은 당신의 신성을 드러내셨을 뿐만 아니라, 또한 당신의 인성을 통해 참된 인간의 모습까지도 보이셨다. 그리스도는 인간의 회복을 이루신 분이며 하나님의 형상을 가장 온전히 드러내신 분이다. 그러기에 인성을 가진 상태에서 "나를 본 자는 아버지를 보았거늘"이라고 하신 말씀은 온당하다. 예수님이 자신의 인성을 부인하신 것이 아니며, 반대로 오직 인성의 관점에서만 말씀하신 것도 아니다.

예수님의 인성이 완전한 것이고 그분이 하나님의 형상을 온전히 보여 주신다면, 예수님을 바라보는 것은 창조주의 영광을 바라보는 것과 같다. 이렇게 본래의 모양과 유사한 모양을 반영하고, 비춰 내고, 드러내는 일이 바로 형상의 역할이다.

타락 이후 우리는 어려운 질문에 직면하게 되었다. 우리에게 여전히 하나님의 형상이 남아 있는지, 그렇다면 어느 정도나 있는지에 관한 것이다. 창세기 9장에서 우리는 타락한 인간이라 할지라도(노아 시대의 인류는 과거 어느 때보다 더 타락한 상태였음에도) 여전히 하나님의 형상을 지닌 존재로 여겨졌음을 보았다. 역사적 개신교에서는 이 질문에 답하기 위해 하나님의 형상을 좁은 의미의 개념과 넓은 의미의 개념으로 구분했다.

넓은 의미에서 하나님의 형상을 지닌다는 것은, 죄로 인한 타락과 부패 이후에도 우리에게 여전히 인간다움이 남아 있다는 뜻이다. 우리의 몸이 늙거나 병들어 죽거나 쇠약해지듯이 정신도 죄의 영향력 아래에 있다. 우리는 본래 자유로운 의지를 지닌 존재로 창조되었지만, 어떠한 욕망의 노예가 되거나 거기에 중독되기도 한다. 그렇다고 우리의 능력이 다 사라진 것은 아니다. 여전히 생각하고 선택할 수 있으며 육체를 갖고 살아 있다. 따라서 우리는 여전히 인간이다.

비록 순결함은 잃어버렸지만, 인간성 자체를 상실하지는 않았다. 신학자들은 우리가 잃어버린 것을 가리켜 **콘포르미타스**(*conformitas*)라고 부른다. 즉 우리는 순종함을 잃어버렸다. 우리는 불순종하는 피조물이 되어 하나님의 거룩하심을 비추도록 만들어진 거울을 더럽히고 뿌옇게 오염시켰다. 그래서 다른 피조물의 눈에는 우리가 하나님의 성품에 부합하지 않는 행동을 하는 존재로 보인다. 여기서 하나님의 성품을 비추는 이것이 좁은 의미로 본 하나님의 형상이며, 바로 우리가 잃어버린 것이다.

뒤에서 우리는 순종의 상실이 무엇을 의미하는지, 즉 타락이 우리에게 얼마나 심각한 영향을 미치고 있으며 죄악의 부패가 우리의 인간성 안에 얼마나 깊이 침투해 있는지에 대해 살펴볼 것이다.

먼저, 우리는 하나님이시자 사람이신 그리스도의 두 본성에 대해 좀 더 자세히 살펴보아야 한다. 몰몬교에서는 하나님께 물리적인 육체가 있다고 믿는다. 그들은 사람이 하나님의 형상으로 지어졌다는 말을 인간의 육체와 결부하기 때문이다. 이러한 생각에 대해 역사적 기독교는, 하나님은 영이시므로 육체가 없으시다고 주장해 왔다. 따라서 우리는 하나님의 형상으로서 인간에게만 있는 고유한 속성을 그분의 영적인 특성 가운데서만 찾을 수 있다.

하나님의 형상이 무엇을 의미하는지 이해하고자 할 때 이러한 비물질적 차원이 중요한 것은 사실이다. 그렇다고 하나님의 형상이 우리의 육체와 무관하다고 생각하는 것은 성경적이라기보다는 오히려 플라톤적인 사고에 가까울 것이다. 하나님이 우리를 인간으로 만드셨을 때, 그저 육체 없는 영혼으로만 창조하시어 정신과 의지와 감정이 자유롭게 떠돌아다니게 하시지 않았다. 그분은 모든 피조물에게 육체를 주셨다. 만약 창세기부터 요한계시록까지 인간에 대한 성경의 기록을 자세히 들여다본다면, 구원의 대서사시에는 단지 영혼만이 아니라 육체도 포함되어 있음을 알게 될 것이다.

사도신경에는 "몸의 부활과 영생을 믿습니다."라는 구절이 있다. 그런데 이 구절은 예수님의 몸만 부활하게 된다는 말이 아니다(물론 사도신경에는 그 사실을 확증하는 내용도 있다). 이 구절은 오히려 우리의 몸이 부활하게 될 것을 믿는다는 교회의 고백이다. 다시 말해서 유대-기독교 신학의 중심에는 하나님이 사람을 창조하실 때 영혼과 육체를 함께 지으셨고, 또한 그분이 사람을 구속하실 때도 영혼과 육체를 함께 구속하신다는 개념이 있는 것이다.

기독교의 역사가 진행되는 과정에서 이교적인 생각이 교회에 침투했다. 그 생각은 인간의 육체에는 악한 것이 있으며, 물질적인 안녕을 염려하는 것은 하나님의 존엄에 미치지 못하고 기독교 신앙에 합당하지 못하다는 관념을 불러왔다.

하지만 예수님은 갈릴리 해변을 따라 걸으셨고 몸에 옷을 입으셨으며 사람들의 삶에 깊은 관심을 가지셨다. 그래서 굶주린 이가 음식을 먹고 거처 없는 이가 쉴 곳을 얻으며 목마른 이가 마실 것을 얻기를 바라셨다. 그분은 사람의 영혼에 관한 영원한 문제뿐만 아니라 그들의 육체에 관해서도 관심을 가지셨다.

우리는 육체에 대해서도 책임을 다해야 한다. 하나님의 형상으로 지음받은 피조물이라는 것은, 처음부터 끝까지 육체를 지닌 존재라는 뜻이기 때문이다. 우리가 하나님의 뜻에 순종하며 그분의 성품과 거룩함을 드러내기 위해서는 우리에게 반드시 육체가 필요하다.

지적이거나 영적인 측면만 강조하는 어떤 사람은 육체의 일은 중요하지 않다고 생각하여 하루에 여섯 시간씩 기도하거나 명상한다. 하나님은 오직 영혼에 대해서만 관심을 가지신다고 믿기 때문이다. 하지만 신약 성경을 대충만 읽어 보아도, 하나님의 법에는 우리가 육체를 어떻게 사용해야 하는지에 관해 꽤 많은 내용이 나타나 있음을 알 수 있다. 따라서 하나님은 육체가 없으시지만, 우리는 우리의 영혼뿐만 아니라 우리의 육체를 통해서도 순종의 삶을 삶으로써 그분의 형상을 비춰 내야 한다. 이런 의미에서 우리의 육체는 인간이 하나님의 형상으로 지음받았음을 나타내는 중요한 부분이다.

종교적인 사람들은 물질적인 측면을 과도하게 깎아내리곤 한다. 기독교 이전에 존재했던 가장 오래된 이단 중에는 마니교나 여러 동방 사상의 형태로 나타난 것이 있다. 예컨대 플라톤은 이데아론이라는 철학을 발전시켰다. 그는 가장 높은 차원의 실재는 물질이 아니라 이데아나 형상의 영역에서 찾을 수 있는 이상이라고 믿었다. 여기서 형상이란 우리가 매일의 삶에서 마주하는 개별적인 대상과 개념의 토대로, 보편적이고 추상적인 실체이다.

서로 다른 의자 두 개가 있다고 가정하자. 하나는 철제 프레임에 플라스틱 좌판과 등받이로 이루어진 단순한 의자이다. 다른 하나는 나무로 만들고 쿠션을 덧대어 화려하게 장식한 의자이다. 이 둘 사이에는 분명한 차이가 있지만, 동시에 유사점도 있다. 예를 들면 둘 다 다리가 네 개라는 점이다. 비록 차이점은 있지만 유사성을 통해 우리는 둘 다 의자라는 것을 알 수 있기에 이 둘을 똑같이 의자라고 부른다.

플라톤은 그 이유를 모든 사람의 정신에는 '의자'에 관한 이데아가 있기 때문이라고 말한다. 물론 아름답게 장식된 나무 의자가 이상에 더 가깝다고 할 수도 있겠지만, 플라톤은 이데아의 물질적 구현(그가 '수용자'라 부르는 것)은 어떠한 경우에도 불완전한 모방에 불과하므로 거기에는 항상 부족함이 있다고 했다.

플라톤과 헬라인은 물질적인 것을 덜 가치 있고 덜 완전한 것, 사실상 본질적으로 흠결이 있는 것으로 보았다. 초기 기독교는 이러한 관점으로부터 심대한 영향을 받았다. 동방 철학과 플라톤주의, 그리고 영지주의가 기독교와 결합하여 물질세계의 일부인 육체는 악하다는 생각이 교회 안에 들어오게 되었다.

수도원 운동에서는 극단적 금욕주의를 위대한 덕목으로 보기도 했다. 중세 시대에는 거친 털옷이나 껄끄러운 재질의 의복을 입어 자기 자신에게 끊임없는 고통을 가하는 등 자학적인 방식으로 수양을 하던 사람들이 있었다. 그들은 삶의 기본적인 필요조차 거부함으로써 자신의 의로움을 내보이려 했다. 하지만 이러한 태도 속에 잠재된 위험성은, 그것이 행위를 통한 구원 사상으로 치달을 수 있다는 점이다. 즉 물질적 육체를 억제함으로써 우리 자신을 구원할 수 있다고 믿는 것이다.

이처럼 헬라 철학의 반물질적 관점에서 보면, 구속이란 궁극적으로 육체**로부터의** 구속을 의미한다. 플라톤은 육체를 영혼의 감옥이라고 불렀다. 따라서 인간에게 최고의 소망은 육체를 허물고 파괴함으로써 영혼이 물질적 영향에서 완전히 벗어나, 순수한 명상 가운데 살아갈 수 있도록 해방되는 것이라고 했다. 그러나 기독교에서는 육신 **그 자체**도 구속의 대상이라고 가르친다. 우리는 새 하늘과 새 땅에서 영화로운 몸을 입게 될 것이고, 계속해서 육체와 영혼이 공존하는 피조물로 살아가게 될 것이다.

플라톤주의는 이원론의 한 형태로, 이 세상에는 대등하지만 서로 반대되어 끊임없이 갈등함으로 화해를 이룰 수 없는 두 가지 힘(이 경우에는 영적인 것과 육적인 것)이 존재한다는 생각이다. 하지만 사람에 대한 기독교의 가르침은 이와 다르다. 사람에게 육체와 영혼이 있다는 말은 이 둘이 서로 경쟁하거나 긴장 관계에 있다는 의미가 아니다. 오히려 기독교에서는 **양면성**을 가르친다. 즉 인간은 물질적이고 비물질적인 두 측면이 서로 조화롭게 하나를 이루는 존재라는 것이다. 양면성과 이원론은 엄연히 다르다.

최근 몇 세대에 걸쳐 과서의 그릇된 생각 하나기 다시 부상하고 있다. 심지어 복음주의적 그리스도인 사이에서도 유행하는 이 오류는 '삼분법'이라고 불리는 것이다. 삼분법에 따르면 우리의 인간성은 몸과 혼과 영의 세 측면으로 이루어져 있다. 이러한 관점이 다시 부상하도록 가교 역할을 한 인물 중 하나는, 동양적 사고를 기독교 사상에 접목한 중국의 교회 지도자 워치만 니(Watchman Nee)였다. 그러나 삼분법은 이미 4세기에 정죄되었다. 여기에는 몸과 혼은 화해할 수 없는 갈등 관계에 있으므로 그 둘이 함께할 수 있는 유일한 길은 제3의 중재자인 영의 개입뿐이라는 생각이 자리하고 있다.

이러한 견해에 대해 성경적 근거를 제시한다고 주장하는 사람들은 바울이 데살로니가 교회에 보낸 편지의 내용을 언급한다. "평강의 하나님이 친히 너희를 온전히 거룩하게 하시고 또 너희의 온 영과 혼과 몸이 우리 주 예수 그리스도께서 강림하실 때에 흠 없게 보전되기를 원하노라"(살전 5:23). 하지만 바울은 또 다른 곳에서 마음, 심복, 심장, 심정 등의 표현을 사용하기도 했다. 이들은 그저 비물질적 본질의 다양한 측면을 나타내는 용어일 뿐이다. 삼분법은 위와 같은 본문 말씀을 잘못 해석함으로써 마치 하나님이 인간을 단계적으로 즉 먼저는 영을, 다음에는 혼을, 그리고 마지막에는 몸을 구속하셔야 하는 것처럼 호도하여 구속의 의미를 왜곡한다.

신학적으로 보자면, 우리는 성령님이 영과 혼과 정신과 양심을 얼마든지 구분하실 수 있다고 인정한다. 하지만 교회는 그것을 단순화하고자 우리 삶에는 물질적인 차원과 비물질적인 차원이 있다고 가르쳐 왔다. 이 비물질적인 차원에 대한 성경의 용어가 바로 영혼인데, 여기에는 정신과 의지와 마음 등의 여러 측면이 포함된다.

04

우리 죄의
실체

ARE PEOPLE BASICALLY GOOD?

  기독교 신앙의 정수를 보여 주는 결정적인 한 단어는 바로 '은혜'이다. 개신교의 종교개혁을 상징하는 표어 중의 하나도 **솔라 그라티아**(*sola gratia*)로, 오직 은혜라는 뜻의 라틴어이다. 그런데 이 표어는 16세기 종교개혁자들에 의해 처음 만들어진 것이 아니다. 그 뿌리는 히포의 아우구스티누스가 정립한 신학에 있다.

  아우구스티누스는 이 용어를 사용해 기독교의 중심 사상을 부각하고자 했다. 즉 우리의 구속이 오직 은혜로만 이루어지며 인간이 하나님과 화목을 이루는 유일한 길도 오직 은혜뿐이라는 사실이다. 이는 성경의 가르침에 있어 너무나도 핵심적인 개념이기에, 이를 언급하는 것만으로 마치 사람들의 지능을 얕잡아 보는 것처럼 느껴질 정도이다. 하지만 지난 몇 세대 동안 희미해진 기독교 신학의 한 차원이 있다면, 그것은 바로 은혜이다.

모든 인간이 반드시 깨달아야만 하는 두 가지는 하나님의 거룩하심과 사람의 죄악됨이다. 이러한 주제를 사람이 직시하기란 쉽지 않다. 게다가 이 두 가지는 늘 병립한다. 하나님이 어떤 분이신지 알고 그분의 위엄과 정결, 거룩하심을 맛보게 되는 순간 우리가 얼마나 부패한 존재인지를 즉각적으로 깨닫게 된다. 바로 그때 우리는 은혜를 갈구하게 된다. 은혜가 아니고서는 우리가 하나님 앞에 설 길이 없음을 자각하기 때문이다.

하박국 선지자는 유대 역사의 어느 한 시기에 하나님의 백성을 대적하는 이들이 승리하고, 악인이 번성하며, 의인이 고난을 겪는 모습을 보면서 괴로워했다. 그는 이렇게 탄식을 쏟아 냈다. "여호와 나의 하나님, 나의 거룩한 이시여 주께서는 만세 전부터 계시지 아니하시니이까 우리가 사망에 이르지 아니하리이다 여호와여 주께서 심판하기 위하여 그들을 두셨나이다 반석이시여 주께서 경계하기 위하여 그들을 세우셨나이다"(합 1:12).

계속해서 그는 하나님의 거룩하심과 악을 용납지 않으심에 대한 확신을 고백했다. "주께서는 눈이 정결하시므로 악을 차마 보지 못하시며 패역을 차마 보지 못하시거늘"(13절). 이는 인간의 모습과는 전혀 어울리지 않는 특성이다. 우리는 **얼마든지** 패역을 방관할 수 있다. 사실 우리가 패역을 방관하지 않는다면, 우리는 서로를 혹은 우리 자신을 용납할 수 없을 것이다.

사람이 죄인인 자기 자신과 함께 살아가려면 패역한 것을 용납하는 법을 배워야만 한다. 만약 내 눈이 부정한 것을 바라볼 수 없을 정도로 거룩하다면, 다른 사람과 함께 있을 때 늘 눈을 감고 있어야 할 것이다. 하지만 그러고 나면 결국에는 자기 안에서 하나님의 형상을 욕되게 하는 자신을 보게 될 것이다.

이어서 하박국은 하나님께 이렇게 묻는다. "어찌하여 거짓된 자들을 방관하시며 악인이 자기보다 의로운 사람을 삼키는데도 잠잠하시나이까"(13절). 그는 하나님이 어떻게 인간의 악행을 참고 인내하실 수 있는지 이해할 수 없었다. 그러나 오히려 우리는 하나님이 인간의 악행을 미워하신다는 사실을 견딜 수 없다. 하나님이 너무나 거룩하시어 죄악된 사람에게 등을 돌린 채 그를 보지 않으신다고 생각하면 거부감이 들 것이다. 이것이 바로 성경이 우리 앞에 둔 딜레마이다. 우리는 거룩하신 하나님의 형상을 지니고 있고, 그 형상을 비춰 내는 것이 인간인 우리가 감당해야 할 근본적인 책무이다. 그러나 우리는 거룩하지 않다.

일전에 나는 한 신학 학회에서 여러 목사와 함께 하나님의 거룩하심에 관해 토론했다. 그중 한 분은 하나님의 거룩하심에 관한 내 강의를 높이 평가한다고 하면서도 하나님의 주권에 관한 내용에는 동의하지 않는다고 말했다. 나는 우리가 그리스도인으로서 서로 화평을 이루며 논쟁이나 불화를 일으키지 않으려고 노력해야 하지만, 하나님의 주권에 관한 문제에 있어서 우리 두 사람의 견해가 모두 옳을 수는 없으리라고 말했다. 또 둘 중에 누군가 틀렸다면, 그 사람은 잘못된 이해의 지점에서 하나님께 죄를 짓는 것이라고도 했다.

우리는 죄를 지을 때 그 죄악된 행위를 실수라는 말로 포장하려고 한다. 그렇게 하면 마치 죄에 대한 책임이 줄어들거나 완화되기라도 하는 듯이 말이다. 우리는 어린아이가 2 더하기 2를 5라고 한다 해서 그것이 잘못된 일이라고 생각하지 않는다. 물론 그 답이 틀렸다는 사실은 알지만, 그렇다고 그 아이에게 회초리질을 하며 "2 더하기 2를 4가 아니라 5라고 하다니, 너는 못된 아이야."라고 말하지 않는다. 인간은 본질적으로 실수를 저지를 수밖에 없는 존재이기 때문이다.

그러나 내가 그 목사에게 말했던 것처럼 만약 우리 중 한 사람이 틀렸다면, 그것은 자신이 성경의 생각과 일치하기를 바라기보다는 성경이 자신의 생각과 일치하기를 바라는 마음으로 성경을 보았기 때문일 것이다. 우리의 본성은 치우쳐 있어서 하나님의 말씀에 담긴 심판을 피하려고 말씀 자체를 왜곡하곤 한다.

실수하는 것은 인간적인 일이라고들 한다. 그 정도는 **괜찮다**는 뜻이다. 우리는 대량 학살 같은 끔찍하고 극악무도한 범죄 행위를 저지르는 사람을 볼 때 도덕적 감수성에 상처를 입는 느낌을 받는다. 반면 우리 자신의 타락과 부패에 너무도 익숙해져 있어, 하나님께 일상적으로 불순종하는 일에는 불편함을 느끼지 못한다. 우리는 이것을 중요한 문제라고 생각하지 않는다. '실수는 인간적인 일이고 용서는 신성한 일'이라고 생각하기 때문이다.

이 경구는 인간이 죄를 짓는 것은 자연스러운 일이며, 따라서 그것이 허용 범위 안에 있다는 의미를 내포한다. 또한 하나님은 본성적으로 용서하시는 분이라는 의미도 내포하고 있다. 만약 하나님이 용서하시지 않으면 그분의 신성에 무언가 문제가 있다는 말이다. 왜냐하면 용서는 하나님의 본성이기 때문이다. 하지만 이 가정은 앞에 있는 가정만큼이나 그릇되다. 용서가 신성의 본질에 있어 필수 불가결하지는 않다.

용서는 은혜로, 자격이나 공로가 없는 자에게 거저 주어지는 선물이다. 우리는 죄에 너무 익숙해져 있어서 항상 죄를 짓는다. 따라서 인간의 본성이 타락했음을 규정하지 않고서는 인간을 규정할 수 없고, 은혜 없이는 생명을 유지하는 일 자체가 불가능하다.

그렇다면 죄를 어떻게 이해해야 할까? 죄는 우연히 일어나는 일일까, 아니면 우리의 인간성 안에 본질적으로 내재한 것일까? '우연'이라는 용어는 어떤 대상의 본질에 속하지 않는 속성을 가리킨다. 즉 그러한 속성이 존재하든 존재하지 않든 대상의 참된 모습에는 아무런 영향을 미치지 못한다. 예를 들어, 콧수염은 우연적인 속성이다. 사람이 콧수염을 밀어 버린다고 해서 더 이상 사람이 아닌 것은 아니기 때문이다.

반대로, **본질적** 속성이란 어떤 대상의 본질을 이루는 것이다. 따라서 이 속성이 사라지면 대상은 더 이상 그 자체로 존재할 수 없다. 태초에 하나님이 사람의 본성을 악하게 만드셨다고 믿지 않는 한 죄는 인간 본성의 본질적 요소는 아니다. 만약 죄가 인간성의 본질이라면 예수님은 죄인이거나 아니면 사람이 아니거나, 둘 중 하나이셨을 것이다. 따라서 죄는 본질적인 것이 아니다. 아담은 처음 창조되었을 때 죄가 없었지만, 여전히 사람이었다. 예수님도 죄가 없지만, 여전히 사람이시다. 성도들도 천국에 가면 모든 죄가 사라지겠지만, 여전히 사람일 것이다.

죄가 본질적인 것은 아니지만 그렇다고 그저 사소하다거나 인간성의 피상적인 측면에만 존재하는 것도 아니다. 오히려 성경이 묘사하는 타락한 상태의 인간은 모든 면에서 완전히 그리고 철저히 죄로 오염되어 있다. 다시 말해서 죄는 단지 외적인 흠결에만 그치는 것이 아니라 우리 존재의 *가장* 깊은 곳까지 침투해 있다.

아마 '전적 타락'이라는 용어를 들어 보았을 것이다. 이는 신학에서 가장 큰 오해를 받는 용어 중 하나다. 나는 이를 '근본적 부패'라고 부르는 편이 더 낫다고 본다. 근본적 부패는 모든 인간이 최악의 상태에 처해 있다는 말이 아니라, 죄악된 본성이 **근원** 곧 인간 경험의 가장 깊은 중심에까지 미친다는 말이다. 예수님은 "못된 열매 맺는 좋은 나무가 없고 또 좋은 열매 맺는 못된 나무가 없느니라"(눅 6:43)라고 말씀하셨다. 그러나 인류는 이러한 죄악된 상태를 가능한 한 최소화하려고 한다.

내가 신학교에서 배웠던 죄에 관한 이론 중에 유한성으로 죄를 정의할 수 있다는 내용이 있었다. 피조물은 유한한데, 이는 우리의 능력과 존재에는 한계가 있다는 뜻이다. 반면에 하나님은 무한하신데, 이는 시간상으로 영원하시고 공간상으로 무한하시며 또한 전능하시다는 의미이다. 그런데 유한성은 창조된 모든 것에 있다. 창조된 존재는 언제나 그것을 창조한 존재보다 약하기 때문이다. 창조주는 당신의 능력으로 존재하시지만, 인간은 자신의 능력만으로 존재할 수 없다. 인간은 의존적이고 파생적이며 부수적일 뿐만 아니라 또한 연약하다. 19세기 자유주의 철학과 20세기 실존주의 신학에서 볼 수 있는 이와 같은 죄 이론에서는 악을 유한성의 필수 불가결한 요소로 여긴다. 결국 우리가 죄를 짓는 이유는 우리가 유한하기 때문이라는 것이다.

철학자 고트프리트 빌헬름 라이프니츠(Gottfried Wilhelm Leibniz)는 굉장히 흥미로운 신정론을 창안했다. 이는 세상에 악이 존재하는 이유에 대해 하나님의 정당성 혹은 무고성을 밝히기 위한 합리적인 시도였다.

그가 말하기를 세상에 존재하는 악의 유형에는 도덕적 악, 물리적 악, 그리고 형이상학적 악의 세 가지가 있다고 했다. 도덕적 악은 우리가 죄라고 부르는 것이다. 물리적 악은 자연 현상을 통해 일어나는 질병이나 재앙 같은 것을 말하며, 우리는 그것을 '하나님의 행위'라고 부른다. 라이프니츠가 말하는 형이상학적 악이란 오직 무한한 것만이 형이상학적으로 완전할 수 있기에 유한함은 곧 형이상학적으로 불완전하다는 의미이다. 창조된 것은 무엇이든 본질적으로 유한하다. 그는 또한 도덕적 악은 물리적 악이나 형이상학적 악, 혹은 두 가지 모두에서 흘러나온다고 주장했다. 따라서 세상에서 무언가 잘못된 일이 일어나는 이유는 세상 자체가 유한하기 때문이라는 것이다.

라이프니츠는 하나님이 사람을 유한한 존재로 만드시는 것 외에는 다른 방법이 없었다고 말했다. 이와 마찬가지로 하나님이 창조하실 수 있는 세상은 오직 유한한 세상뿐이다. 그는 하나님조차도 무한한 것을 창조하실 수는 없다고 보았기 때문이다. 창조된 것은 무엇이든 개념적으로 유한하고 의존적이며 파생적일 수밖에 없다. 그리하여 라이프니츠는 하나님이 인간과 세상을 유한하게 창조하시는 것 외에는 다른 방법이 없었다고 결론을 내렸다. 하나님은 하실 수 있는 최선을 다하셨으므로 이 세상은 가능한 한 모든 세상 중에 최고라는 말이다.

그러나 사람의 타락과 죄악을 유한성으로 설명하는 것은 사람의 죄에 대해 궁극적으로 하나님께 비난의 화살을 돌리고, 오히려 인간에게는 아무런 책임도 없다는 듯이 만든다는 점에서 문제가 된다. 이것은 도덕적으로 비겁한 변명의 극치이며 마귀 때문에 그렇게 할 수밖에 없었다는 핑계보다 더 파렴치하다. 창조주가 나를 유한하게 만드셔서 어쩔 수 없었다고 말하는 꼴이기 때문이다. 실수는 인간적인 일인데, 나는 그저 인간일 뿐이니 하나님이 나를 용서하셔야만 한다는 것이다.

우리는 타락했고 유한하며, 우리의 실존을 증명할 수 있을 만한 일체의 요소를 남김없이 파괴하기 위해 할 수 있는 모든 행위를 한다. 개중에는 자신의 행동에 대해 정상 참작을 할 만큼 심리적 불안이나 화학적 불균형을 지닌 이도 있다. 하지만 문제의 핵심은 우리가 하나님의 형상으로 지음받았음에도 그분의 법을 어긴다는 점이다. 하나님은 절대로 우리가 유한하다는 것 때문에 우리를 심판하지 않으신다. 그분의 심판이 공의로운 이유는 전적으로 우리의 불순종 때문이다.

05

우리 죄의 깊이

ARE PEOPLE BASICALLY GOOD?

 한번은 친구가 자신의 여섯 살짜리 아들과 나눈 대화를 내게 이야기해 주었다. 친구는 아들에게 이렇게 물었다. "너는 나중에 죽으면 천국에 갈 거라고 생각하니?" 아들이 천국에 갈 거라고 꽤나 자신하는 모습을 보이자 친구는 좀 더 캐물었다. "네가 하나님 앞에 서게 되었을 때 하나님께서 네 눈을 바라보며 '왜 너를 내 천국에 들어보내 줘야 하지?'라고 물으시면 너는 하나님께 뭐라고 대답할래?" 아들은 잠시 생각하더니 이렇게 말했다. "하나님께서 그렇게 물으시면 저는 '왜냐하면 착하게 살려고 정말 많이 노력했으니까요.'라고 대답할 거예요." 그 순간 아들은 난처한 표정을 지으며 이렇게 말을 이었다. "뭐, **그렇게** 착한 건 아니었지만요."

여섯 살 아이치고는 굉장히 예리한 대답이었다. 사람들 대부분은 심판의 날 하나님 마음에 들려면 기본적으로 열심히, 최선을 다해, 선하게 살면 된다는 믿음을 갖고 있다. 그런데 하나님의 완전하심을 다 알지 못하고 자신의 타락에 대해서도 온전히 이해하지 못한 여섯 살짜리 아이조차 자신의 선함을 다시 한번 생각해 볼 수밖에 없다. 그 아이는 자기가 '그렇게' 착한 삶을 살았던 것은 아님을 깨달았다.

사실 생각만큼 선하지 못하다는 것은 문제라고 할 수도 없다. 우리는 선한 삶 근처에도 가지 못하는 존재이기 때문이다. 이러한 사실에도 불구하고 사람들이 빠지는 가장 크고 흔한 오류는 자신의 행위로 거룩하신 하나님께 인정받을 것이라는 생각이다.

어떻게 사람이 하나님 앞에 서기를 바랄 수 있겠는가? 이 질문에 답하기 위해서는 인간의 타락이라는 문제를 주목해야 한다. 누구나 자신이 완전하지 않다는 생각에 동의할 것이다. "나는 죄인이 아닙니다."라고 말할 수 있는 사람도 많지 않을 것이다. 그리고 이 말이 무엇을 뜻하는지 분명히 아는 사람을 찾을 확률은 만분의 일도 되지 않을 것이다.

성경은 인간의 타락이 우리 삶의 피상적인 문제에 불과한 것이 아니며, 그보다 훨씬 더 깊은 문제라고 가르친다. 타락의 상태를 어떻게 이해하느냐는 '원죄'라고 불리는 사안과 관련이 있다. 교단이나 신학자마다 원죄의 교리를 이해하는 방식은 천차만별이지만, 그것을 받아들이지 않는 교회는 거의 없다. 적어도 우리가 성경을 진지하게 연구하고자 한다면, 원죄에 대한 어떤 개념을 세워야 한다는 사실에는 모두가 동의할 것이다.

오늘날 우리는 사람이 본래 선하다고 배운다. 물론 불완전하고 흠이 있지만, 그 모든 표면적 문제의 이면을 들여다보면 사람은 다 의롭다는 것이다. 그러나 성경은 사람이 본래 선하다고 가르치지 않는다. 바울은 로마 교회에 보내는 편지에 이렇게 쓰고 있다. "기록된 바 의인은 없나니 하나도 없으며"(롬 3:10). 이는 오늘날 우리 문화에서 가르치는 내용과 모든 면에서 반대되는 사상이다. 어쩌면 바울이 완전한 사람은 그 누구도 없다는 의미로 이렇게 말했을 것이라고 생각할 수도 있다.

하지만 바울은 "깨닫는 자도 없고"(11절)라고 말한다. 바울의 글은 간결하고 논리적으로 진행되어 인간의 상태를 포괄적으로 기술하는 구조를 띠고 있다. '의인은 없다.' 그리고 '깨닫는 자도 없다.' 하나님이 요구하시는 의의 기준에 아무도 도달하지 못하는 이유 중 하나는, 그 기준이 무엇인지 깨닫는 자가 아무도 없기 때문이라는 말이다. 즉 우리는 무엇이 옳고 무엇이 그른지 분별조차 할 수 없는 상태에 있다. 바울은 우리가 옳은 것을 알지 못하는 이유에 대해, 우리가 하나님이 어떤 분이신지 이해하지 못하기 때문이라고 썼다.

이어서 바울은 "하나님을 찾는 자도 없고"(11절)라고 말한다. 거듭나지 않은 상태의 자연적 인간은 그 누구도 하나님을 찾지 않는다. 사람들은 필사적으로 마음의 평안과 죄의식의 완화, 자기 삶의 의미와 중요성을 찾아 헤맨다. 그러는 가운데 하나님으로부터는 쏜살같이 멀어진다. 하나님은 숨지 않으신다. 그분을 찾기가 어려운 것도 아니다. 단지 우리의 본성이 그분을 찾지 않는 것이다. 타락한 본성 때문에 우리가 그분에게서 달아날 뿐이다.

바울의 변증은 계속된다. "다 치우쳐 함께 무익하게 되고 선을 행하는 자는 없나니 하나도 없도다"(12절). 우리는 **선**을 상대적인 개념으로 보려고 한다. 즉 특정한 기준에 따라 무엇이 선하거나 나쁘다는 판단을 내린다. 때로는 그 기준에 동의하지 않아 서로 다른 평가를 하기도 한다. 하지만 하나님의 완전한 기준에서 이 선함을 판단하면, 선을 행하는 자가 하나도 없다.

한 사람이 예수님께 와서 이렇게 물었다. "선한 선생님이여 내가 무엇을 하여야 영생을 얻으리이까"(막 10:17). 예수님은 지금 그가 누구에게 말을 건네는지조차 모르는 채 질문하고 있음을 아시고 다음과 같이 대답하셨다. "네가 어찌하여 나를 선하다 일컫느냐 하나님 한 분 외에는 선한 이가 없느니라 네가 계명을 아나니 살인하지 말라, 간음하지 말라, 도둑질하지 말라, 거짓 증언 하지 말라, 속여 빼앗지 말라, 네 부모를 공경하라 하였느니라"(18-19절). 이에 그 사람은 "선생님이여 이것은 내가 어려서부터 다 지켰나이다"(20절)라고 대꾸했다.

나도 이 같은 말을 계속해서 들어 왔다. 하지만 십계명으로 사는 사람은 그 십계명으로 멸망할 것이다. "무릇 율법이 있고 범죄한 자는 율법으로 말미암아 심판을 받으리라"(롬 2:12)라고 말씀하셨기 때문이다. 십계명을 무시하라는 말이 아니다. 바울의 말처럼 "율법의 행위로 그의 앞에 의롭다 하심을 얻을 육체가 없나니"(롬 3:20)라는 뜻이다.

예수님을 찾아온 젊은이가 "이것은 내가 어려서부터 다 지켰나이다"라고 말했던 것은 자신의 행위로 의롭다 하심을 얻을 수 있다는 의중을 가졌기 때문이다. 그러나 그의 대답에서 까마득한 무지가 드러나고 말았다. 이에 대해 예수님은 이렇게 말씀하실 수도 있었다. "너는 하나님의 율법이 명하는 바가 무엇인지 모르고 있구나. 이는 네가 율법의 요구를 아주 단순하게 여기고 있든지, 아니면 너 자신의 행위를 아주 대단하게 여기고 있기 때문이다." 하지만 예수님은 이렇게 말씀하셨다. "네게 아직도 한 가지 부족한 것이 있으니 가서 네게 있는 것을 다 팔아 가난한 자들에게 주라 그리하면 하늘에서 보화가 네게 있으리라 그리고 와서 나를 따르라"(막 10:21).

그 사람은 이 말씀을 듣고 슬픈 기색을 띠며 떠났다. 왜냐하면 그에게는 재물이 많았기 때문이다. 앞서 이 사람이 했던 말을 떠올려 보라. 그는 자신이 하나님의 율법을 다 지켰다고 말했다. 사실상 예수님이 하신 말씀은 이런 의미였다. "십계명을 다 지켰다고? 좋아, 그럼 제1계명부터 한번 시작해 보자. '너는 나 외에는 다른 신들을 네게 두지 말라.' 하셨으니, 이제 가서 네게 있는 것을 다 팔아라." 이 젊은이는 제1계명조차 지킬 수 없었다. "살인하지 말라."나 "도둑질하지 말라."는 계명에는 가까이 가보지도 못한 것이다.

예수님은 산상수훈 설교를 통해 "살인하지 말라."는 율법의 말씀은 이유 없이 형제에게 노하지 말라는 것임(마 5:21-22)을 설명하셨다. 이 부자 청년은 분명히 그 자리에 없었을 것이다. 다른 사람을 미워하거나 험담하고 헐뜯을 때, 혹은 그들에게 불친절한 모습을 보일 때에도 하나님은 우리를 심판하실 것이다. 이 모든 행동이 살인을 금하는 율법 안에 다 포함되기 때문이다. 또한 간음하지 말라는 율법에는 간음으로 이어지는 일체의 복합적인 행위(마 5:27-28절)까지 다 포함된다. 예수님은 "네 마음을 다하고 목숨을 다하고 뜻을 다하여 주 너의 하나님을 사랑하라"(마 22:37)가 가장 큰 계명이라고 말씀하셨다. 그러나 세상에는 단 5분이라도 이 큰 계명을 온전히 지킨 사람이 없다. 자신의 온 마음을 하나님께 드린 사람이 아무도 없기 때문이다.

혹자는 이렇게 항변할 수 있다. "저는 희생합니다. 가난한 이에게 제 돈을 나누어 줍니다. 저는 옳은 일은 빼놓지 않고 다 합니다." 하지만 하나님이 보시기에 선한 행위는 외적으로 하나님의 율법에 부합해야 할 뿐만 아니라, 하나님을 전적으로 사랑하는 마음에서 흘러나와야만 한다. 나의 행동에 이기심이나 자부심 혹은 교만함과 같이 그 행위를 더럽히는 것이 눈곱만큼이라도 섞여 있다면, 이는 하나님이 보시기에 선하지 않다.

죄는 모든 것에 영향을 미치므로 "의인은 없나니 하나도 없으며"라는 바울의 말은 결코 과장이 아니다. 자신이 하나님의 요구를 충족시킬 만큼 선하다고 생각하는 사람이 있지만, 사실 그들의 선은 하나님이 제시하신 기준에 조금도 미치지 못한다.

사도 바울은 다음과 같이 썼다. "그들의 목구멍은 열린 무덤이요 그 혀로는 속임을 일삼으며 그 입술에는 독사의 독이 있고 그 입에는 저주와 악독이 가득하고 그 발은 피 흘리는 데 빠른지라 파멸과 고생이 그 길에 있어 평강의 길을 알지 못하였고 그들의 눈 앞에 하나님을 두려워함이 없느니라 함과 같으니라"(롬 3:13-18). 하나님을 두려워하는가? 그분께 존귀와 경외의 마음을 품고 있는가?

하나님은 우리를 지으시되 그분의 형상으로 지으셨다. 그렇게 하심으로써 우리에게 자신을 창조하신 분을 경외하는 능력과 경외해야 할 필요를 부여하셨다. 여러분은 하나님이 존귀와 경외와 찬양을 받기에 합당하신 분이라는 사실을 잘 알 것이다. 그리고 이 모두를 드리는 것이 바로 우리의 도덕적 책임이다. 하지만 우리는 오랫동안 불순종에 익숙해지다 보니 이제는 하나님을 두려워하지도 않게 되었다. 이에 대해 바울은 우리가 그저 표적을 벗어났거나 하나님에게서 멀리 떠난 상태에서 나아가, 본성적으로 하나님의 원수(롬 5:10)라는 사실을 지적한다.

우리가 '원죄'라고 할 때, 이는 아담과 하와가 저지른 처음의 죄만 가리키는 것이 아니다. 그 처음 죄로 인해 발생한 결과까지 포함하는 것이다. 즉 원죄는 죄악으로 가득 찬 우리의 상태를 의미한다. 이를 다른 말로 하자면 우리는 죄인이어서 죄를 짓는 것이지, 죄를 지어서 죄인인 것이 아니다.

인류의 타락으로 인해 인간의 본성은 죄악을 향해 기울고 그리로 이끌리게 되었다. 다윗은 이에 대해 "내가 죄악 중에서 출생하였음이여 어머니가 죄 중에서 나를 잉태하였나이다"(시 51:5)라고 고백했다. 어머니의 태중에 있을 때부터 우리는 부패한 생명이었다. 잉태되는 순간부터 우리는 이미 인간의 타락한 상태에 동참한다. 따라서 우리는 죄를 지을 수밖에 없는 기질과 성향을 지닌 채 태어난다. 이것이 바로 원죄의 진정한 의미이다.

06

우리 죄의 크기

ARE PEOPLE BASICALLY GOOD?

아우구스티누스의 자서전인 『고백록』(Confessions)에 다음과 같은 유명한 기도가 나온다. "주님, 주께서 친히 우리를 지으셨으니 주님 안에서 안식을 찾기 전에는 우리의 마음이 쉼을 얻지 못하나이다." 그가 남긴 또 다른 기도는 신학 역사상 가장 심각한 논쟁을 불러일으켰다. "주님, 뜻하신 것을 명하시고, 명하신 것을 허락하소서."

아우구스티누스는 하나님이 우리에게 명하신 것을 도리어 하나님이 우리에게 주시기를 구했는데, 그 이유는 무엇일까? 그는 우리의 타락이 얼마나 심각한 상태인지를 고뇌하고 있었다. 하나님은 우리에게 완전하라고 명하시지만 이미 부패한 상태에서 태어나는 우리가 스스로의 힘과 능력으로 하나님의 명령을 행하기는 도덕적으로 불가능하다. 우리가 하나님의 계명에 순종할 수 있는 유일한 방법은 그분이 우리를 도우시는 것뿐이다. 하나님은 우리에게 은혜를 베푸셔서 명하신 일을 행하도록 능력을 주신다.

펠라기우스(Pelagius)라는 이름의 수도사는 이 기도에 크게 반발하였고, 그의 반응은 중요한 신학적 논쟁으로 확대되었다. 그는 불가능한 일을 하나님은 절대로 명하시지 않는다고 했다. 만약 하나님이 완전하라고 명하신다면, 그러한 명령에 따라 완전한 의로움으로 살아갈 능력이 우리에게 있음을 의미한다는 것이다. 펠라기우스는 타락으로 인해 인간성이 손상되었다 할지라도 완전함을 이룰 능력까지 상실하지는 않았다고 보았다.

하나님은 그리스도를 믿으라고 명하신다. 그저 그리스도께 나아오라고 초청하신 것이 아니라 명령하신 것이다. 그리스도가 주인이심을 인정하고 그분을 믿음으로 받아들이는 것은 인간의 도덕적 의무이다. 예수님은 다락방에 모인 사람들에게 성령님을 보내 주겠다고 약속하시며, 하나님이 보내신 분을 믿었는지 믿지 않았는지에 따라 성령님이 세상의 의와 죄를 판단하실 것이라고 말씀하셨다.

또한 예수님은 "나를 보내신 아버지께서 이끌지 아니하

시면 아무도 내게 올 수 없으니 오는 그를 내가 마지막 날에 다시 살리리라"(요 6:44)라고 말씀하셨다. 펠라기우스는 이 말씀에 대해 다음과 같이 주장했다. 하나님이 사람들에게 그리스도 앞으로 나아오라고 명하신다면 모든 인간은 이 명령에 순종할 수 있는 능력을 지녀야 한다. 만약 그렇지 않다면 하나님이 자신의 피조물에게 이와 같은 의무를 지우시지 않았을 것이다. 이 논쟁은 계속되어 다음과 같은 질문에 이르게 되었다. 인간의 타락은 선택할 수 있는 능력에 얼마나 영향을 미쳤는가? 다시 말해, 인간에게는 여전히 자유 의지가 있는가?

'자유 의지'라는 표현을 성경에서 찾아볼 수는 없다. 어떤 이는 성경에 그 단어 자체는 없지만, 그에 관한 개념이 분명히 나타난다고 주장한다. 이는 사실이다. 성경을 보면 인간에게는 바른 선택을 해야 할 책임이 있다고 자주 언급되기 때문이다. 하지만 성경은 원죄의 관점에서 인간의 속박된 상태, 즉 인간이 자신의 악한 욕망에 노예가 된 모습을 강조한다. 이는 하나님이 폭정으로 인간을 종속시킨다는 뜻이 아니라 인간이 자기 자신과 죄악된 본성에 속박되어 있다는 뜻이다. 아우구스티누스는 이렇게 말했을 것이다. "맞습니다. 여러분에게는 자유 의지가 있습니다. 하지만 그 의지와 그 의지로 내리는 모든 선택은, 여러분이 누구이고 또 어떤 존재인지에 따라 큰 영향을 받게 됩니다." 우리는 처참하게 타락한 피조물이다. 성경은 이러한 우리의 모습을 죄악된 성향에 속박된 상태라고 표현한다.

아우구스티누스는 이 논쟁에서 다음 두 가지를 구분한다. 사람에게는 **리베룸 아르비트리움**(liberum arbitrium) 곧 자유 의지(free will)가 있지만, 타락한 존재이기에 **리베르타스**(libertas) 곧 죄의 중독에서 벗어나는 도덕적 해방으로서의 자유(liberty)는 없다. 즉 그는 타락한 사람이 죄에 중독되어 있다고 본 것이다.

성경은 사람의 마음속 욕망이 항상 악하다고 말한다(창 6:5). 아우구스티누스는 성경이 말하는 자유라는 개념은 우리에게 원하는 것을 선택할 능력이 있다는 뜻이고, 자유 의지라는 개념은 우리에게 다른 사람이나 다른 무언가가 강요하는 것보다 자신이 원하는 것에 따라 선택할 힘이 있다는 뜻이라고 설명했다.

여기서 '결정론'이라 불리는 새로운 개념이 등장한다. 결정론은 나의 모든 선택이 외부에 있는 무언가에 의해 미리 결정되므로 사실상 어떤 일에 대해 실제로 내가 선택하는 것이 없다는 이론이다. 이에 반대하여 나온 개념이 '자기 결정성'인데, 사람은 여전히 자신의 욕망에 따라 무언가를 선택할 수 있다는 의미이다. 자유는 이유 없는 행동이나 원인 없는 결과를 만들어 내지 않는다. 내가 무언가를 선택할 때, 그 선택에는 언제나 근거가 있다. 결정 없는 선택은 없다는 것이다. 따라서 자유롭다는 말은 내가 원하는 것을 선택할 능력이 있다거나 나의 욕망에 따라 무엇을 선택할지 결정한다는 의미이다.

자유로운 사람은 자신의 욕망에 따라 선택할 **수** 있다. 여기서 더 나아가, 자유롭다는 말은 한순간 자신의 마음속 가장 깊은 곳에서 생겨난 욕망에 따라 선택할 **수밖에** 없음을 의미한다. 우리는 언제나 우리 안에 있는 가장 강한 충동이나 가장 큰 욕망에 따라 선택한다. 그 강력한 욕구를 거슬러 선택할 수는 없다.

어떤 사람이 하나님의 법에 어긋나는 일을 하고 싶은 엄청난 유혹을 받았음에도 마지막 순간에 도덕적 용기를 발휘해 그 일을 거부했다고 가정해 보자. 그 사람의 선택은 하나님께 순종하고자 하는 욕망이 유혹의 힘보다 더 컸기 때문에 가능한 것이다. 우리는 어느 순간 내면에 있는 가장 강력한 끌림에 따라 행동하기 마련이다. 이것이 선택이라는 행위의 본질이며, 이렇게 자신이 원하는 바에 따라 선택하는 능력이 바로 자유이다.

그래서 아우구스티누스는 사람에게 자유 의지는 있지만 자유로움은 없다고 말한 것이다. 이 말이 어떻게 진실일 수 있는가? 그는 타락한 상태의 사람은 자신이 원하는 것을 선택할 능력은 있지만, 그 마음속에 하나님이나 하나님의 일을 향한 욕망은 없다고 보았다. 사람을 있는 그대로 놓아두면, 그 마음속 욕망은 항상 악할 수밖에 없다. 마음과 영혼이 하나님의 일에 대해 죽어 있기 때문이다. 이것이 우리의 본성적 상태이다.

성경은 타락한 상태에 놓인 우리가 하나님의 일에 대해 죽어 있다고 말한다. 죄악된 상태로 인해 우리 영혼은 그런 일에 무감각해졌다. 우리에게는 우리가 욕망하는 것을 선택할 자유가 있다. 그러나 우리에게 그리스도를 향한 욕망이 전혀 없다면, 과연 우리가 그분을 선택하겠는가?

그렇다면 어떤 사람은 믿고 또 어떤 사람은 믿지 않는 이유가 무엇인가? 펠라기우스는 사람에게 선택지가 있어서 그렇다고 말할 것이다. 그리스도를 받아들이거나 받아들이지 않거나, 혹은 하나님께 순종하거나 순종하지 않거나 둘 중 하나를 선택할 수 있다는 뜻이다. 다시 말해 사람에게는 하나님의 은혜를 힘입지 않고서도 매사에 하나님께 순종하는 능력이 있다는 것이다. 그러나 아우구스티누스는 사람이 자신의 죄 안에서 죽었다고 말할 것이다. 따라서 그리스도를 향한 아무런 욕망도 없는 사람이 그리스도를 선택할 수 있는 유일한 방법은, 하나님이 돌처럼 굳어 완고한 그 사람의 마음을 부드럽게 하시고 그 안에 그리스도를 향한 욕망을 넣어 주시는 것뿐이다.

펠라기우스는 아담의 죄가 오직 아담 자신만을 다치게 했을 뿐 그의 자손에게는 아무것도 전해지지 않았다고 주장하며, 아담의 죄는 그저 나쁜 예에 불과하다고 말한다. 반면에 아우구스티누스는 아담 자신은 물론 온 인류가 아담의 죄 아래에 있다고 단언했다. 펠라기우스는 복음이 아닌 율법으로 구원을 받는 사람도 있다고 했는데, 누구든 천국에 갈 만큼 충분히 선한 삶을 살면 된다는 말이다. 하지만 아우구스티누스는 "율법의 행위로는 의롭다 하심을 입을 사람이 없다."라고 했다. 자신의 공로나 행위를 통해 구원을 얻을 수 있는 사람은 아무도 없다.

어떤 형태로든 원죄 교리를 받아들이지 않는 교회의 전통은 거의 없다. 성경은 사람이 타락으로 인해 부패한 상태에서 태어난다고 분명히 말하기 때문이다. 하지만 조나

단 에드워즈(Jonathan Edwards)는 원죄에 관해 다음과 같이 추측했다. 성경에 원죄에 관한 언급이 전혀 없다고 해도, 죄의 보편성은 너무나 뚜렷한 인간의 속성이기에 이성적 사고만으로 원죄가 존재한다는 결론을 내릴 수밖에 없다고 말이다. 왜일까?

철학자 장자크 루소(Jean-Jacques Rousseau)는 사람이 순결하게 태어나지만 세상에 노출되면서 속박되고 예속된다, 곧 문명에 의해 부패한다고 말했다. 문명을 부패시키는 요소는 다른 사람들이다. 그러니 각 개인이 부패하지 않은 상태에서 어떻게 그 개인이 속한 문명이 부패할 수 있을까?

에드워즈는 만약 사람이 선악의 관점에서 중립적으로 태어난다면, 적어도 세상 사람의 절반은 결코 죄를 짓지 않을 것이라고 말했다. 그렇다면 모든 사람이 더러워져 있다는 사실을 어떻게 설명할 수 있을까? 우리는 자신이 세운 윤리적 기준도 어길 때가 있다. 이에 대해 에드워즈는 모든 인간이 악으로 치우치는 기질을 갖고 태어나기 때문이라고 말했다.

계속해서 펠라기우스는 이런 말도 했다. 사람은 죄에 저항할 수 있으며, 나아가 그런 일을 손쉽게 해낼 수 있다. 비록 하나님의 은혜로 선함이 증진되겠지만 그 선함을 이루는 데 은혜가 꼭 필요하지는 않다는 뜻이다. 그는 은혜를 주로 가르침이라는 측면에서 이해했다. 모든 사람이 의로워지려면 옳고 그름의 차이를 배워야 한다는 것이다. 그렇지만 부모라면 누구나 다 알듯이, 어린아이에게 옳고 그름의 차이를 가르치는 것만으로는 충분치 않은 것이 현실이다. 우리에게는 여전히 악한 일을 향해 쉼 없이 달려가는 마음과 영혼의 문제가 남아 있기 때문이다.

하나님이 한 생명체를 지으시고, 그에게 당신의 형상과 모양을 새겨 넣으신 후 온 땅을 다스리는 권세를 주셨다. 하지만 그 사람은 날마다 하나님을 떠나고 그분을 거스르는 삶을 살아가고 있다. 이것이 우리의 본래 모습이다. 이 모습으로 인해 근심되지 않는가? 하나님은 의로우신데 그분의 형상을 지닌 사는 불의하다. 둘 사이에 생긴 격차는 참으로 심각한 문제이다. 하나님은 우리에게 완전하라 명하시지만 우리는 완전하지 않다. 이제 우리는 어떻게 해야 하는가?

여기 몇 가지 선택지가 있다. 우선, 나 자신의 불완전함을 부인하면 된다. 그러면 더 이상 그 문제를 놓고 염려할 필요가 없다. 자신의 죄를 합리화하거나 축소하는 방식으로 사실을 부인하는 것이다. 다른 한 가지는, 하나님의 거룩하심을 축소하여 그분이 완전하시지 않다고 생각하는 것이다. 하나님이 완전하시지 않으면 나의 불완전함에 대해서도 그분이 크게 불편해하시지 않을 것이기 때문이다. 그것도 아니면, 애초에 하나님의 존재 자체를 인정하지 않으면 그만이다.

하나님을 아예 부인하든 아니면 그분의 골치 아픈 몇 가지 속성, 그중에서도 가장 주된 속성인 거룩하심 같은 것을 제거하든 결과적으로는 별 차이가 없다. 아무리 신의 존재를 들먹거려도 거룩하지 않다면 그것은 유일하신 참 하나님일 수가 없기 때문이다. 하지만 우리는 의로우신 창조주와 불의한 피조물 사이에 존재하는 이 명백한 난제를 해결하기 위해 온 힘을 다할 것이다.

기독교 신앙의 결론은 인류에게 구속이 필요하다는 사실이다. 우리의 인성을 조금도 잃어버리지 않은 채 우리를 구원해 주실 분이 필요하다. 그 구원자는 우리의 인성 가장 깊은 곳에 내재한 문제를 해결하실 수 있는 분, 인간의 본성 안으로 들어오셔서 우리에게 꼭 필요한 의를 이루실 수 있는 분이어야만 한다. 그래서 예수님의 완전한 인성은 우리에게 절대적으로 필요하다.

사람들은 가끔씩 기독교만이 하나님께로 갈 수 있는 유일한 길인지를 놓고 논쟁을 벌인다. 그렇다면 세상에 있는 다른 종교는 어떤가? 다른 종교에서는 찾아볼 수 없고 오직 기독교에만 있는 한 가지가 있다. 바로 속죄이다. 기독교에서 근본적으로 문제 삼는 것은 도덕성이나 예전 같은 것이 아니다. 기독교에서 중시하는 것은 죄의 문제이다. 왜냐하면 기독교는 사람을 중시하기 때문이다. 그래서 기독교는 우리에게 새로운 인성을 부여하시는 구원자를 전한다.

그 구원자는 우리가 지닌 형상을 가리던 희뿌연 안개를 걷어 내신다. 얼룩진 형상을 깨끗이 씻어 주시고, 흠집을 지워 주시며, 그리스도께 합당한 백성이 되도록 인도하신다. 그리하여 다른 사람들이 우리를 보고 하나님의 속성이 어떠한지를 알게 하시려는 것이다.

하나님은 자비하심 가운데 그리스도만을 유일한 구원자로 믿는 사람들에게, 하나님과 화목을 이루고 흐려진 그분의 형상을 회복할 길을 열어 주셨다. 그렇게 하심으로써 우리가 다시금 하나님께 영광을 돌리고 그분의 거룩하심을 창조 세계 안에 비추게 하신다.

리고니어 미니스트리(Ligonier Ministries)는 1971년 R. C. 스프로울 박사가 많은 사람에게 하나님의 거룩하심을 온전히 선포하고 가르치고 변호하기 위해 설립한 국제적인 기독교 제자훈련 기관입니다. 리고니어 라이브러리(Ligonier Library) 배지는 전 세계와 여러 언어권에 신뢰할 수 있는 자료임을 나타냅니다.

리고니어 미니스트리는 예수님이 주신 지상명령에 헌신하기 위해 전 세계에 인쇄 및 디지털 형식으로 제자훈련 자료를 제공하고 있습니다. 신뢰할 수 있는 도서, 기사, 영상 강의 시리즈를 50개 이상의 언어로 번역하고 더빙합니다. 우리의 소망은 그리스도인은 무엇을 믿는지, 왜 믿는지, 믿는 대로 어떻게 살아가는지, 믿는 바를 어떻게 공유하는지를 잘 알도록 도움으로써 예수 그리스도의 교회를 지원하는 것입니다.

LIGONIER.ORG
KO.LIGONIER.ORG

사명선언문

너희가 흠이 없고 순전하여······세상에서 그들 가운데 빛들로
나타내며 생명의 말씀을 밝혀 _ 빌 2:15-16

1. 생명을 담겠습니다
만드는 책에 주님 주신 생명을 담겠습니다.
그 책으로 복음을 선포하겠습니다.

2. 말씀을 밝히겠습니다
생명의 근본은 말씀입니다.
말씀을 밝혀 성도와 교회의 성장을 돕겠습니다.

3. 빛이 되겠습니다
시대와 영혼의 어두움을 밝혀 주님 앞으로 이끄는
빛이 되는 책을 만들겠습니다.

4. 순전히 행하겠습니다
책을 만들고 전하는 일과 경영하는 일에 부끄러움이 없는
정직함으로 행하겠습니다.

5. 끝까지 전파하겠습니다
모든 사람에게, 땅 끝까지, 주님 오시는 그날까지
복음을 전하는 사명을 다하겠습니다.

서점 안내

광화문점 서울시 종로구 새문안로 69 구세군회관 1층
02)737-2288 / 02)737-4623(F)

강남점 서울시 서초구 신반포로 177 반포쇼핑타운 3동 2층
02)595-1211 / 02)595-3549(F)

구로점 서울시 동작구 시흥대로 602, 3층 302호
02)858-8744 / 02)838-0653(F)

노원점 서울시 노원구 동일로 1366 삼봉빌딩 지하 1층
02)938-7979 / 02)3391-6169(F)

일산점 경기도 고양시 일산서구 중앙로 1391 레이크타운 지하 1층
031)916-8787 / 031)916-8788(F)

의정부점 경기도 의정부시 청사로47번길 12 성산타워 3층
031)845-0600 / 031)852-6930(F)

인터넷서점 www.lifebook.co.kr